Liebe Arbeitskollegen,

dieses Buch soll für mich eine schöne Erinnerung an eine gemeinsame Zeit werden. Egal ob wir in Zukunft weiterhin zusammenarbeiten, oder sich unsere Wege irgendwann trennen werden. Niemand weiß, wie das Leben so spielt.

Ihr seid eingeladen die vorgegebenen Fragen zu beantworten. Ob ehrlich, witzig oder beides ist euch überlassen. Gerne dürft ihr euch auf euren 4 zur Verfügung gestellten Seiten austoben und diese gestalten wie es euch gefällt.

Vielen Dank für diese Erinnerung und viel Spaß.

Das bin ich:

Mein Foto

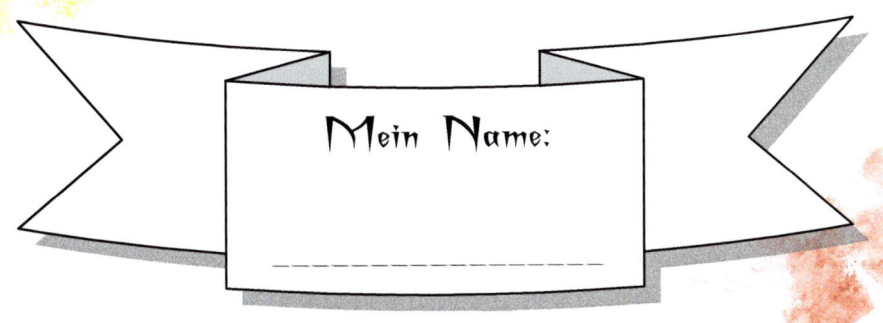

Meine

Arbeitskollegen

Name:　　　　　　　Heutiges Datum:

Geburtstag:

Hier ist Platz für dein Foto:

Unser Arbeitgeber:

Wie lange bist du schon hier beschäftigt?

Wie lange kennen wir uns schon?

Hast du Kinder?

Was ist dein Traumberuf?

Was magst du an mir?

Fahrstuhl oder Treppe?

Hast du Haustiere?

Tee oder Kaffee?

Wie gestaltest du am liebsten deine Freizeit?

Was gefällt dir an deiner Arbeit am besten?

Male ein Bild für mich und/oder verfasse einen Text, entweder über dich oder irgendetwas anders, wie du möchtest:

In welcher Abteilung arbeitest du?

Gehst du lieber einen kurzen und steinigen, oder einen langen und bequemen Weg?

Dein Lieblingsgetränk:

Deine Lieblingssüßigkeit:

Auf was bist du stolz?

Erfinde ein Wort:

Was gibst du mir mit auf den Weg:

Name: Heutiges Datum:

Geburtstag:

Hier ist Platz für dein Foto:

Unser Arbeitgeber:

Wie lange bist du schon hier beschäftigt?

Wie lange kennen wir uns schon?

Hast du Kinder?

Was ist dein Traumberuf?

Was magst du an mir?

Fahrstuhl oder Treppe?

Hast du Haustiere?

Tee oder Kaffee?

Wie gestaltest du am liebsten deine Freizeit?

Was gefällt dir an deiner Arbeit am besten?

Male ein Bild für mich und/oder verfasse einen Text, entweder über dich oder irgendetwas anders, wie du möchtest.

In welcher Abteilung arbeitest du?

Gehst du lieber einen kurzen und steinigen, oder einen langen und bequemen Weg?

Dein Lieblingsgetränk:

Deine Lieblingssüßigkeit:

Auf was bist du stolz?

Erfinde ein Wort:

Was gibst du mir mit auf den Weg:

Name: Heutiges Datum:

Geburtstag:

Hier ist Platz für dein Foto:

Unser Arbeitgeber:

Wie lange bist du schon hier beschäftigt?

Wie lange kennen wir uns schon?

Hast du Kinder?

Was ist dein Traumberuf?

Was magst du an mir?

Fahrstuhl oder Treppe?

Hast du Haustiere?

Tee oder Kaffee?

Wie gestaltest du am liebsten deine Freizeit?

Was gefällt dir an deiner Arbeit am besten?

Male ein Bild für mich und/oder verfasse einen Text, entweder über dich oder irgendetwas anders, wie du möchtest:

In welcher Abteilung arbeitest du?

Gehst du lieber einen kurzen und steinigen, oder einen langen und bequemen Weg?

Dein Lieblingsgetränk:

Deine Lieblingssüßigkeit:

Auf was bist du stolz?

Erfinde ein Wort:

Was gibst du mir mit auf den Weg:

Name: Heutiges Datum:

Geburtstag:

Unser Arbeitgeber:

Hier ist Platz für dein Foto:

Wie lange bist du schon hier beschäftigt?

Wie lange kennen wir uns schon?

Hast du Kinder?

Was ist dein Traumberuf?

Was magst du an mir?

Fahrstuhl oder Treppe?

Hast du Haustiere?

Tee oder Kaffee?

Wie gestaltest du am liebsten deine Freizeit?

Was gefällt dir an deiner Arbeit am besten?

Male ein Bild für mich und/oder verfasse einen Text, entweder über dich oder irgendetwas anders, wie du möchtest:

In welcher Abteilung arbeitest du?

Gehst du lieber einen kurzen und steinigen, oder einen langen und bequemen Weg?

Dein Lieblingsgetränk:

Deine Lieblingssüßigkeit:

Auf was bist du stolz?

Erfinde ein Wort:

Was gibst du mir mit auf den Weg:

Name: Heutiges Datum:

Geburtstag:

Hier ist Platz für dein Foto:

Unser Arbeitgeber:

Wie lange bist du schon hier beschäftigt?

Wie lange kennen wir uns schon?

Hast du Kinder?

Was ist dein Traumberuf?

Was magst du an mir?

Fahrstuhl oder Treppe?

Hast du Haustiere?

Tee oder Kaffee?

Wie gestaltest du am liebsten deine Freizeit?

Was gefällt dir an deiner Arbeit am besten?

Male ein Bild für mich und/oder verfasse einen Text, entweder über dich oder irgendetwas anders, wie du möchtest:

In welcher Abteilung arbeitest du?

Gehst du lieber einen kurzen und steinigen, oder einen langen und bequemen Weg?

Dein Lieblingsgetränk:

Deine Lieblingssüßigkeit:

Auf was bist du stolz?

Erfinde ein Wort:

Was gibst du mir mit auf den Weg:

Name: Heutiges Datum:

Geburtstag:

Hier ist Platz für
dein Foto:

Unser Arbeitgeber:

Wie lange bist du schon hier beschäftigt?

Wie lange kennen wir uns schon?

Hast du Kinder?

Was ist dein Traumberuf?

Was magst du an mir?

Fahrstuhl oder Treppe?

Hast du Haustiere?

Tee oder Kaffee?

Wie gestaltest du am liebsten deine Freizeit?

Was gefällt dir an deiner Arbeit am besten?

Male ein Bild für mich und/oder verfasse einen Text, entweder über dich oder irgendetwas anders, wie du möchtest:

In welcher Abteilung arbeitest du?

Gehst du lieber einen kurzen und steinigen, oder einen langen und bequemen Weg?

Dein Lieblingsgetränk:

Deine Lieblingssüßigkeit:

Auf was bist du stolz?

Erfinde ein Wort:

Was gibst du mir mit auf den Weg:

Name:　　　　　　　Heutiges Datum:

Geburtstag:

Hier ist Platz für dein Foto:

Unser Arbeitgeber:

Wie lange bist du schon hier beschäftigt?

Wie lange kennen wir uns schon?

Hast du Kinder?

Was ist dein Traumberuf?

Was magst du an mir?

Fahrstuhl oder Treppe?

Hast du Haustiere?

Tee oder Kaffee?

Wie gestaltest du am liebsten deine Freizeit?

Was gefällt dir an deiner Arbeit am besten?

Male ein Bild für mich und/oder verfasse einen Text, entweder über dich oder irgendetwas anders, wie du möchtest:

In welcher Abteilung arbeitest du?

Gehst du lieber einen kurzen und steinigen, oder einen langen und bequemen Weg?

Dein Lieblingsgetränk:

Deine Lieblingssüßigkeit:

Auf was bist du stolz?

Erfinde ein Wort:

Was gibst du mir mit auf den Weg:

Name: Heutiges Datum:

Geburtstag:

Hier ist Platz für dein Foto:

Unser Arbeitgeber:

Wie lange bist du schon hier beschäftigt?

Wie lange kennen wir uns schon?

Hast du Kinder?

Was ist dein Traumberuf?

Was magst du an mir?

Fahrstuhl oder Treppe?

Hast du Haustiere?

Tee oder Kaffee?

Wie gestaltest du am liebsten deine Freizeit?

Was gefällt dir an deiner Arbeit am besten?

Male ein Bild für mich und/oder verfasse einen Text, entweder über dich oder irgendetwas anders, wie du möchtest:

In welcher Abteilung arbeitest du?

Gehst du lieber einen kurzen und steinigen, oder einen langen und bequemen Weg?

Dein Lieblingsgetränk:

Deine Lieblingssüßigkeit:

Auf was bist du stolz?

Erfinde ein Wort:

Was gibst du mir mit auf den Weg:

Name: Heutiges Datum:

Geburtstag:

Hier ist Platz für dein Foto:

Unser Arbeitgeber:

Wie lange bist du schon hier beschäftigt?

Wie lange kennen wir uns schon?

Hast du Kinder?

Was ist dein Traumberuf?

Was magst du an mir?

Fahrstuhl oder Treppe?

Hast du Haustiere?

Tee oder Kaffee?

Wie gestaltest du am liebsten deine Freizeit?

Was gefällt dir an deiner Arbeit am besten?

Male ein Bild für mich und/oder verfasse einen Text, entweder über dich oder irgendetwas anders, wie du möchtest:

In welcher Abteilung arbeitest du?

Gehst du lieber einen kurzen und steinigen, oder einen langen und bequemen Weg?

Dein Lieblingsgetränk:

Deine Lieblingssüßigkeit:

Auf was bist du stolz?

Erfinde ein Wort:

Was gibst du mir mit auf den Weg:

Name: Heutiges Datum:

Geburtstag:

Hier ist Platz für dein Foto:

Unser Arbeitgeber:

Wie lange bist du schon hier beschäftigt?

Wie lange kennen wir uns schon?

Hast du Kinder?

Was ist dein Traumberuf?

Was magst du an mir?

Fahrstuhl oder Treppe?

Hast du Haustiere?

Tee oder Kaffee?

Wie gestaltest du am liebsten deine Freizeit?

Was gefällt dir an deiner Arbeit am besten?

Male ein Bild für mich und/oder verfasse einen Text, entweder über dich oder irgendetwas anders, wie du möchtest:

In welcher Abteilung arbeitest du?

Gehst du lieber einen kurzen und steinigen, oder einen langen und bequemen Weg?

Dein Lieblingsgetränk:

Deine Lieblingssüßigkeit:

Auf was bist du stolz?

Erfinde ein Wort:

Was gibst du mir mit auf den Weg:

Name:	Heutiges Datum:

Geburtstag:

Hier ist Platz für dein Foto:

Unser Arbeitgeber:

Wie lange bist du schon hier beschäftigt?

Wie lange kennen wir uns schon?

Hast du Kinder?

Was ist dein Traumberuf?

Was magst du an mir?

Fahrstuhl oder Treppe?

Hast du Haustiere?

Tee oder Kaffee?

Wie gestaltest du am liebsten deine Freizeit?

Was gefällt dir an deiner Arbeit am besten?

Male ein Bild für mich und/oder verfasse einen Text, entweder über dich oder irgendetwas anders, wie du möchtest:

In welcher Abteilung arbeitest du?

Gehst du lieber einen kurzen und steinigen, oder einen langen und bequemen Weg?

Dein Lieblingsgetränk:

Deine Lieblingssüßigkeit:

Auf was bist du stolz?

Erfinde ein Wort:

Was gibst du mir mit auf den Weg:

Name: Heutiges Datum:

Geburtstag:

Hier ist Platz für dein Foto:

Unser Arbeitgeber:

Wie lange bist du schon hier beschäftigt?

Wie lange kennen wir uns schon?

Hast du Kinder?

Was ist dein Traumberuf?

Was magst du an mir?

Fahrstuhl oder Treppe?

Hast du Haustiere?

Tee oder Kaffee?

Wie gestaltest du am liebsten deine Freizeit?

Was gefällt dir an deiner Arbeit am besten?

Male ein Bild für mich und/oder verfasse einen Text, entweder über dich oder irgendetwas anders, wie du möchtest.

In welcher Abteilung arbeitest du?

Gehst du lieber einen kurzen und steinigen, oder einen langen und bequemen Weg?

Dein Lieblingsgetränk:

Deine Lieblingssüßigkeit:

Auf was bist du stolz?

Erfinde ein Wort:

Was gibst du mir mit auf den Weg:

Name:　　　　　Heutiges Datum:

Geburtstag:

Hier ist Platz für dein Foto:

Unser Arbeitgeber:

Wie lange bist du schon hier beschäftigt?

Wie lange kennen wir uns schon?

Hast du Kinder?

Was ist dein Traumberuf?

Was magst du an mir?

Fahrstuhl oder Treppe?

Hast du Haustiere?

Tee oder Kaffee?

Wie gestaltest du am liebsten deine Freizeit?

Was gefällt dir an deiner Arbeit am besten?

Male ein Bild für mich und/oder verfasse einen Text, entweder über dich oder irgendetwas anders, wie du möchtest:

In welcher Abteilung arbeitest du?

Gehst du lieber einen kurzen und steinigen, oder einen langen und bequemen Weg?

Dein Lieblingsgetränk:

Deine Lieblingssüßigkeit:

Auf was bist du stolz?

Erfinde ein Wort:

Was gibst du mir mit auf den Weg:

Name: Heutiges Datum:

Geburtstag:

Hier ist Platz für dein Foto:

Unser Arbeitgeber:

Wie lange bist du schon hier beschäftigt?

Wie lange kennen wir uns schon?

Hast du Kinder?

Was ist dein Traumberuf?

Was magst du an mir?

Fahrstuhl oder Treppe?

Hast du Haustiere?

Tee oder Kaffee?

Wie gestaltest du am liebsten deine Freizeit?

Was gefällt dir an deiner Arbeit am besten?

Male ein Bild für mich und/oder verfasse einen Text, entweder über dich oder irgendetwas anders, wie du möchtest:

In welcher Abteilung arbeitest du?

Gehst du lieber einen kurzen und steinigen, oder einen langen und bequemen Weg?

Dein Lieblingsgetränk:

Deine Lieblingssüßigkeit:

Auf was bist du stolz?

Erfinde ein Wort:

Was gibst du mir mit auf den Weg:

Name: Heutiges Datum:

Geburtstag:

> Hier ist Platz für dein Foto:

Unser Arbeitgeber:

Wie lange bist du schon hier beschäftigt?

Wie lange kennen wir uns schon?

Hast du Kinder?

Was ist dein Traumberuf?

Was magst du an mir?

Fahrstuhl oder Treppe?

Hast du Haustiere?

Tee oder Kaffee?

Wie gestaltest du am liebsten deine Freizeit?

Was gefällt dir an deiner Arbeit am besten?

Male ein Bild für mich und/oder verfasse einen Text, entweder über dich oder irgendetwas anders, wie du möchtest:

In welcher Abteilung arbeitest du?

Gehst du lieber einen kurzen und steinigen, oder einen langen und bequemen Weg?

Dein Lieblingsgetränk:

Deine Lieblingssüßigkeit:

Auf was bist du stolz?

Erfinde ein Wort:

Was gibst du mir mit auf den Weg:

Name:　　　　Heutiges Datum:

Geburtstag:

Hier ist Platz für dein Foto:

Unser Arbeitgeber:

Wie lange bist du schon hier beschäftigt?

Wie lange kennen wir uns schon?

Hast du Kinder?

Was ist dein Traumberuf?

Was magst du an mir?

Fahrstuhl oder Treppe?

Hast du Haustiere?

Tee oder Kaffee?

Wie gestaltest du am liebsten deine Freizeit?

Was gefällt dir an deiner Arbeit am besten?

Male ein Bild für mich und/oder verfasse einen Text, entweder über dich oder irgendetwas anders, wie du möchtest:

In welcher Abteilung arbeitest du?

Gehst du lieber einen kurzen und steinigen, oder einen langen und bequemen Weg?

Dein Lieblingsgetränk:

Deine Lieblingssüßigkeit:

Auf was bist du stolz?

Erfinde ein Wort:

Was gibst du mir mit auf den Weg:

Name:　　　　　Heutiges Datum:

Geburtstag:

Hier ist Platz für dein Foto:

Unser Arbeitgeber:

Wie lange bist du schon hier beschäftigt?

Wie lange kennen wir uns schon?

Hast du Kinder?

Was ist dein Traumberuf?

Was magst du an mir?

Fahrstuhl oder Treppe?

Hast du Haustiere?

Tee oder Kaffee?

Wie gestaltest du am liebsten deine Freizeit?

Was gefällt dir an deiner Arbeit am besten?

Male ein Bild für mich und/oder verfasse einen Text, entweder über dich oder irgendetwas anders, wie du möchtest:

In welcher Abteilung arbeitest du?

Gehst du lieber einen kurzen und steinigen, oder einen langen und bequemen Weg?

Dein Lieblingsgetränk:

Deine Lieblingssüßigkeit:

Auf was bist du stolz?

Erfinde ein Wort:

Was gibst du mir mit auf den Weg:

Name:　　　　　Heutiges Datum:

Geburtstag:

Hier ist Platz für dein Foto:

Unser Arbeitgeber:

Wie lange bist du schon hier beschäftigt?

Wie lange kennen wir uns schon?

Hast du Kinder?

Was ist dein Traumberuf?

Was magst du an mir?

Fahrstuhl oder Treppe?

Hast du Haustiere?

Tee oder Kaffee?

Wie gestaltest du am liebsten deine Freizeit?

Was gefällt dir an deiner Arbeit am besten?

Male ein Bild für mich und/oder verfasse einen Text, entweder über dich oder irgendetwas anders, wie du möchtest:

In welcher Abteilung arbeitest du?

Gehst du lieber einen kurzen und steinigen, oder einen langen und bequemen Weg?

Dein Lieblingsgetränk:

Deine Lieblingssüßigkeit:

Auf was bist du stolz?

Erfinde ein Wort:

Was gibst du mir mit auf den Weg:

Name: Heutiges Datum:

Geburtstag:

Hier ist Platz für dein Foto:

Unser Arbeitgeber:

Wie lange bist du schon hier beschäftigt?

Wie lange kennen wir uns schon?

Hast du Kinder?

Was ist dein Traumberuf?

Was magst du an mir?

Fahrstuhl oder Treppe?

Hast du Haustiere?

Tee oder Kaffee?

Wie gestaltest du am liebsten deine Freizeit?

Was gefällt dir an deiner Arbeit am besten?

Male ein Bild für mich und/oder verfasse einen Text, entweder über dich oder irgendetwas anders, wie du möchtest:

In welcher Abteilung arbeitest du?

Gehst du lieber einen kurzen und steinigen, oder einen langen und bequemen Weg?

Dein Lieblingsgetränk:

Deine Lieblingssüßigkeit:

Auf was bist du stolz?

Erfinde ein Wort:

Was gibst du mir mit auf den Weg:

Name: Heutiges Datum:

Geburtstag:

> Hier ist Platz für dein Foto:

Unser Arbeitgeber:

Wie lange bist du schon hier beschäftigt?

Wie lange kennen wir uns schon?

Hast du Kinder?

Was ist dein Traumberuf?

Was magst du an mir?

Fahrstuhl oder Treppe?

Hast du Haustiere?

Tee oder Kaffee?

Wie gestaltest du am liebsten deine Freizeit?

Was gefällt dir an deiner Arbeit am besten?

Male ein Bild für mich und/oder verfasse einen Text, entweder über dich oder irgendetwas anders, wie du möchtest:

In welcher Abteilung arbeitest du?

Gehst du lieber einen kurzen und steinigen, oder einen langen und bequemen Weg?

Dein Lieblingsgetränk:

Deine Lieblingssüßigkeit:

Auf was bist du stolz?

Erfinde ein Wort:

Was gibst du mir mit auf den Weg:

Name: Heutiges Datum:

Geburtstag: Hier ist Platz für dein Foto:

Unser Arbeitgeber:

Wie lange bist du schon hier beschäftigt?

Wie lange kennen wir uns schon?

Hast du Kinder?

Was ist dein Traumberuf?

Was magst du an mir?

Fahrstuhl oder Treppe?

Hast du Haustiere?

Tee oder Kaffee?

Wie gestaltest du am liebsten deine Freizeit?

Was gefällt dir an deiner Arbeit am besten?

Male ein Bild für mich und/oder verfasse einen Text, entweder über dich oder irgendetwas anders, wie du möchtest:

In welcher Abteilung arbeitest du?

Gehst du lieber einen kurzen und steinigen, oder einen langen und bequemen Weg?

Dein Lieblingsgetränk:

Deine Lieblingssüßigkeit:

Auf was bist du stolz?

Erfinde ein Wort:

Was gibst du mir mit auf den Weg:

Name: Heutiges Datum:

Geburtstag:

Hier ist Platz für dein Foto:

Unser Arbeitgeber:

Wie lange bist du schon hier beschäftigt?

Wie lange kennen wir uns schon?

Hast du Kinder?

Was ist dein Traumberuf?

Was magst du an mir?

Fahrstuhl oder Treppe?

Hast du Haustiere?

Tee oder Kaffee?

Wie gestaltest du am liebsten deine Freizeit?

Was gefällt dir an deiner Arbeit am besten?

Male ein Bild für mich und/oder verfasse einen Text, entweder über dich oder irgendetwas anders, wie du möchtest:

In welcher Abteilung arbeitest du?

Gehst du lieber einen kurzen und steinigen, oder einen langen und bequemen Weg?

Dein Lieblingsgetränk:

Deine Lieblingssüßigkeit:

Auf was bist du stolz?

Erfinde ein Wort:

Was gibst du mir mit auf den Weg:

Name:	Heutiges Datum:

Geburtstag:

Hier ist Platz für dein Foto:

Unser Arbeitgeber:

Wie lange bist du schon hier beschäftigt?

Wie lange kennen wir uns schon?

Hast du Kinder?

Was ist dein Traumberuf?

Was magst du an mir?

Fahrstuhl oder Treppe?

Hast du Haustiere?

Tee oder Kaffee?

Wie gestaltest du am liebsten deine Freizeit?

Was gefällt dir an deiner Arbeit am besten?

Male ein Bild für mich und/oder verfasse einen Text, entweder über dich oder irgendetwas anders, wie du möchtest.

In welcher Abteilung arbeitest du?

Gehst du lieber einen kurzen und steinigen, oder einen langen und bequemen Weg?

Dein Lieblingsgetränk:

Deine Lieblingssüßigkeit:

Auf was bist du stolz?

Erfinde ein Wort:

Was gibst du mir mit auf den Weg:

Name: Heutiges Datum:

Geburtstag:

Hier ist Platz für dein Foto:

Unser Arbeitgeber:

Wie lange bist du schon hier beschäftigt?

Wie lange kennen wir uns schon?

Hast du Kinder?

Was ist dein Traumberuf?

Was magst du an mir?

Fahrstuhl oder Treppe?

Hast du Haustiere?

Tee oder Kaffee?

Wie gestaltest du am liebsten deine Freizeit?

Was gefällt dir an deiner Arbeit am besten?

Male ein Bild für mich und/oder verfasse einen Text, entweder über dich oder irgendetwas anders, wie du möchtest:

In welcher Abteilung arbeitest du?

Gehst du lieber einen kurzen und steinigen, oder einen langen und bequemen Weg?

Dein Lieblingsgetränk:

Deine Lieblingssüßigkeit:

Auf was bist du stolz?

Erfinde ein Wort:

Was gibst du mir mit auf den Weg:

Name: Heutiges Datum:

Geburtstag:

```
┌─────────────────────┐
│                     │
│   Hier ist Platz für│
│      dein Foto:     │
│                     │
│                     │
└─────────────────────┘
```

Unser Arbeitgeber:

Wie lange bist du schon hier beschäftigt?

Wie lange kennen wir uns schon?

Hast du Kinder?

Was ist dein Traumberuf?

Was magst du an mir?

Fahrstuhl oder Treppe?

Hast du Haustiere?

Tee oder Kaffee?

Wie gestaltest du am liebsten deine Freizeit?

Was gefällt dir an deiner Arbeit am besten?

Male ein Bild für mich und/oder verfasse einen Text, entweder über dich oder irgendetwas anders, wie du möchtest:

In welcher Abteilung arbeitest du?

Gehst du lieber einen kurzen und steinigen, oder einen langen und bequemen Weg?

Dein Lieblingsgetränk:

Deine Lieblingssüßigkeit:

Auf was bist du stolz?

Erfinde ein Wort:

Was gibst du mir mit auf den Weg:

Name: Heutiges Datum:

Geburtstag: Hier ist Platz für
                                                 dein Foto:

Unser Arbeitgeber:

Wie lange bist du schon hier beschäftigt?

                              Wie lange kennen wir
                    uns schon?

Hast du Kinder?

                    Was ist dein Traumberuf?

Was magst du an mir?

Fahrstuhl oder Treppe?

Hast du Haustiere?

Tee oder Kaffee?

Wie gestaltest du am liebsten deine Freizeit?

Was gefällt dir an deiner Arbeit am besten?

Male ein Bild für mich und/oder verfasse einen Text, entweder über dich oder irgendetwas anders, wie du möchtest:

In welcher Abteilung arbeitest du?

Gehst du lieber einen kurzen und steinigen, oder einen langen und bequemen Weg?

Dein Lieblingsgetränk:

Deine Lieblingssüßigkeit:

Auf was bist du stolz?

Erfinde ein Wort:

Was gibst du mir mit auf den Weg:

Name:　　　　　Heutiges Datum:

Geburtstag:

```
┌─────────────────┐
│ Hier ist Platz für │
│    dein Foto:    │
│                 │
│                 │
└─────────────────┘
```

Unser Arbeitgeber:

Wie lange bist du schon hier beschäftigt?

　　　　　　　　Wie lange kennen wir uns schon?

Hast du Kinder?

　　　　　　　Was ist dein Traumberuf?

Was magst du an mir?

Fahrstuhl oder Treppe?

Hast du Haustiere?

Tee oder Kaffee?

Wie gestaltest du am liebsten deine Freizeit?

Was gefällt dir an deiner Arbeit am besten?

Male ein Bild für mich und/oder verfasse einen Text, entweder über dich oder irgendetwas anders, wie du möchtest:

In welcher Abteilung arbeitest du?

Gehst du lieber einen kurzen und steinigen, oder einen langen und bequemen Weg?

Dein Lieblingsgetränk:

Deine Lieblingssüßigkeit:

Auf was bist du stolz?

Erfinde ein Wort:

Was gibst du mir mit auf den Weg:

Name: Heutiges Datum:

Geburtstag:

Hier ist Platz für dein Foto:

Unser Arbeitgeber:

Wie lange bist du schon hier beschäftigt?

Wie lange kennen wir uns schon?

Hast du Kinder?

Was ist dein Traumberuf?

Was magst du an mir?

Fahrstuhl oder Treppe?

Hast du Haustiere?

Tee oder Kaffee?

Wie gestaltest du am liebsten deine Freizeit?

Was gefällt dir an deiner Arbeit am besten?

Male ein Bild für mich und/oder verfasse einen Text, entweder über dich oder irgendetwas anders, wie du möchtest.

In welcher Abteilung arbeitest du?

Gehst du lieber einen kurzen und steinigen, oder einen langen und bequemen Weg?

Dein Lieblingsgetränk:

Deine Lieblingssüßigkeit:

Auf was bist du stolz?

Erfinde ein Wort:

Was gibst du mir mit auf den Weg:

Name: Heutiges Datum:

Geburtstag:

```
┌─────────────────┐
                   
    Hier ist Platz für
        dein Foto:
                   
                   
└─ ─ ─ ─ ─ ─ ─ ─ ─┘
```

Unser Arbeitgeber:

Wie lange bist du schon hier beschäftigt?

Wie lange kennen wir uns schon?

Hast du Kinder?

Was ist dein Traumberuf?

Was magst du an mir?

Fahrstuhl oder Treppe?

Hast du Haustiere?

Tee oder Kaffee?

Wie gestaltest du am liebsten deine Freizeit?

Was gefällt dir an deiner Arbeit am besten?

Male ein Bild für mich und/oder verfasse einen Text, entweder über dich oder irgendetwas anders, wie du möchtest:

In welcher Abteilung arbeitest du?

Gehst du lieber einen kurzen und steinigen, oder einen langen und bequemen Weg?

Dein Lieblingsgetränk:

Deine Lieblingssüßigkeit:

Auf was bist du stolz?

Erfinde ein Wort:

Was gibst du mir mit auf den Weg:

Name: Heutiges Datum:

Geburtstag:

Hier ist Platz für dein Foto:

Unser Arbeitgeber:

Wie lange bist du schon hier beschäftigt?

Wie lange kennen wir uns schon?

Hast du Kinder?

Was ist dein Traumberuf?

Was magst du an mir?

Fahrstuhl oder Treppe?

Hast du Haustiere?

Tee oder Kaffee?

Wie gestaltest du am liebsten deine Freizeit?

Was gefällt dir an deiner Arbeit am besten?

Male ein Bild für mich und/oder verfasse einen Text, entweder über dich oder irgendetwas anders, wie du möchtest:

In welcher Abteilung arbeitest du?

Gehst du lieber einen kurzen und steinigen, oder einen langen und bequemen Weg?

Dein Lieblingsgetränk:

Deine Lieblingssüßigkeit:

Auf was bist du stolz?

Erfinde ein Wort:

Was gibst du mir mit auf den Weg:

Weitere Werke von mir:

- Mach Mich – Mach Dich – POSITIV – Das Positiv Aktiv Buch für Erwachsene
- Mach Mich – Mach Dich – FUNNY – Das Positiv Aktiv Buch für Erwachsene
- Mach Mich – Mach Dich – SELFIE – Das etwas andere Fotoalbum
- Schreib mir was – Das etwas andere Freundschafts- und Erinnerungsbuch für Erwachsene
- Leute – Schreibt mir was! – Das Freundschafts- und Erinnerungsbuch für Jugendliche
- Schreib mir was zum Schulabschluss – Das etwas andere Freundschafts- und Erinnerungsbuch für Erwachsene
- Schreibt uns was zur Hochzeit – Das Hochzeits-Gästebuch
- Das Haustier Freundschaftsbuch – Auch Haustiere dürfen Freundschaftsbücher haben
- Das Liebeskummer Erste Hilfe Buch – Lustige & befreiende Aufgaben zur Überwindung des Liebeskummers

Danita-molina.jimdo.com

Bilder & Inhalt © Danita Molina

Herstellung und Verlag:
BoD - Books on Demand, Norderstedt
ISBN 978-3-7412-6580-8